Burbujita, ¡es hora de dormir!

Escrito por Misty Black, Ilustrado por Ana Rankovic
Traducido por Natalia Sepúlveda
www.MistyBlackAuthor.com

Burbujita, ¡es hora de dormir!
Aventuras de burbujitas
Traducido de la versión en inglés: *Bubble Head, It's Time for Bed!*
A Bubble Head Adventure book

Copyright © 2024 Berry Batch Press

Para obtener permiso de la editorial, visitas escolares y lecturas de cuentos/firmas, contáctenos a mistyblackauthor@gmail.com.
Escrito por Misty Black
Ilustrado por Ana Rankovic
Traducido por Natalia Sepúlveda

ISBN Tapa rústica: 978-1-951292-86-7
ISBN Tapa dura: 978-1-951292-84-3
ISBN Audiolibro: 978-1-951292-85-0

Library of Congress Control Number: 2022933425
(Número de control de la Biblioteca del Congreso)

Primera Edición 2024
Berry Patch Press, LLC. Clearfield, Utah.

www.MistyBlackAuthor.com

Dedicado a mis tres pequeños amantes de las burbujas. Espero que siempre encuentren la felicidad en las cosas más pequeñas.

– MB

Traducido de la versión en inglés: *Bubble Head, It's Time for Bed!*

La hora de bañarse es
una aventura divertida
todos los días.

Cuando hago
plof, plas con mis
burbujitas me ayuda
a relajarme.

El **DOMINGO**, soy un marinero **DOMINANTE** de olas.

Mi búsqueda
es simple . . .

...buscar **TESORO** en las cuevas.

Y hago . . .

plof, plas,
glu, glu, glu
plop, plop, plop . . .

¡Cachín!

plof, plas,
glu, glu, glu
plop, plop, plop...

¡Cachín!

El LUNES, soy un monstruo **LÚDICO** con mal aliento y dientes mugrientos.

Y ni te cuento lo que hay **debajo**.

El **MARTES**,
soy un
T-Rex
MASIVO marchando.

Y mi mamá ni cuenta se da.

Y hago . . .

plof, plas,
glu, glu, glu
plop, plop, plop . . .

¡Grrr!

plof, plas,
glu, glu, glu
plop, plop, plop . . .

¡Grrr!

El **MIÉRCOLES**, soy una **MORSA** con deseos de comer algo dulce.

Nado hasta el fondo del océano para pescar unas golosinas.

El **JUEVES**, soy un ladrón **JABONOSO** en la noche.

Miro a la vuelta de la esquina.

¡Ayyy! ¡Me di un susto!

y hago . . .

plof, plas,
glu, glu, glu
plop, plop, plop . . .

¡Aggggggg!

plof, plas,
glu, glu, glu
plop, plop, plop . . .

¡Ayyyyyyy!

El VIERNES, salen mis cinco cabezas **VALIENTES**.
Me elevo a través de cielos ahumados.
No te asustes con mis dientes afilados y mi
tamaño gigantesco.

Todos los dragones comparten un secreto **VERGONZOSO**: que el respirar fuego nos hace sudar y causa ojos llorosos.

Y hago . . .

plof, plas,
glu, glu, glu
plop, plop, plop . . .
¡SSSSS!

plof, plas,
glu, glu, glu
plop, plop, plop . . .
¡SSSSS!

El **SÁBADO**, soy **SIMPÁTICO** y me pongo una barba de burbujitas.
Mi papá piensa que es gracioso y se ríe conmigo.

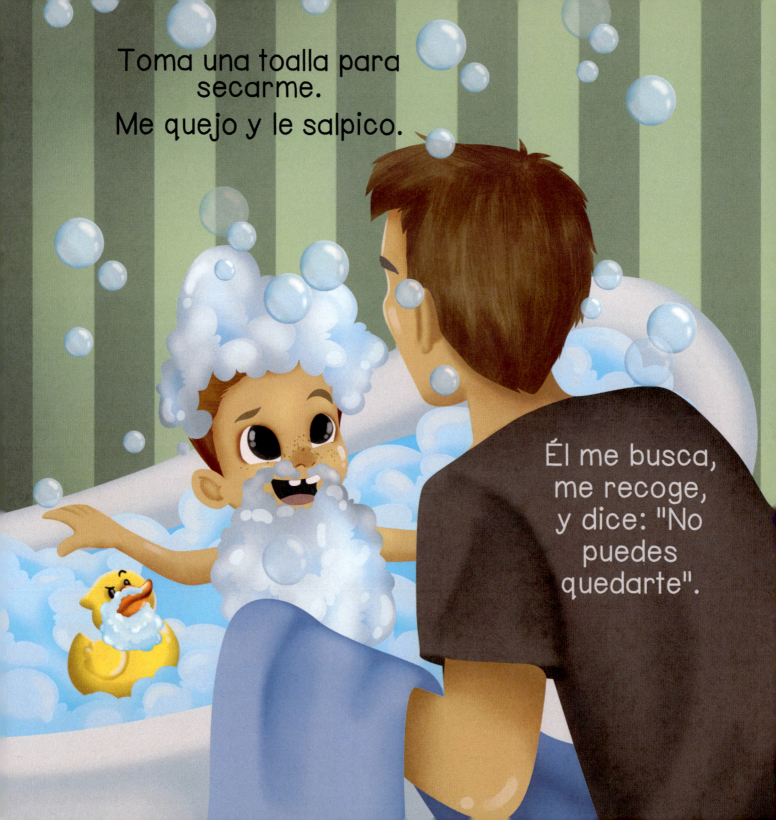

Toma una toalla para secarme.

Me quejo y le salpico.

Él me busca, me recoge, y dice: "No puedes quedarte".

Y hago . . .

plof, plas,
glu, glu, glu
plop, plop, plop . . .

¡Noooooooo!

plof, plas,
glu, glu, glu
plop, plop, plop . . .

¡Noooooooo!

Me cepillo los dientes y me pongo mi pijama, renunciando a la lucha.

Mi papá me lleva a la cama y me arropa bien.

Antes de apagar la luz, él me lee
cuentos para dormir.

La diversión de las **burbujitas** continúa en mis sueños durante toda la noche.

Y voy . . .

a dormir,
a soñar,
buenas noches . . .
¡Uaaaah!

Y voy . . .

a dormir,
a soñar,
buenas noches . . .

¡Uaaaah!

www.MistyBlackAuthor.com

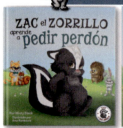

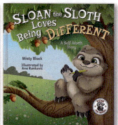

Día _____

Toma un baño

Cepíllate los dientes

Usa el baño

Ponte el pijama

Lee un libro

Recoge los juguetes

Descansa y dulces sueños

Día _____

Toma un baño

Cepíllate los dientes

Ponte el pijama

Usa el baño

Lee un libro

Recoge los juguetes

Descansa y dulces sueños

Para recibir promociones, visiten a
www.MistyBlackAuthor.com

Nota de la autora: "Me encanta saber de mis lectores. Por favor considera enviarme un correo electrónico o dejar una reseña honesta. Aprecio mucho su apoyo".

Made in the USA
Las Vegas, NV
03 July 2024

91848898R00021